VISTA™

Verificar
la comprensión

Preguntas claves para **verificar la comprensión:**

¿De qué trata el texto?

¿Quién narra la historia?

¿Qué tipo de texto es?

¿Puedo volver a contar la historia?

¿Me puedo crear una imagen mental de la historia?

¿Qué parte debo volver a leer?

¿Sobre qué debo tomar notas?

Para comprobar que entiendes lo que lees, debes poner atención al tipo de texto y su estructura, hacerte preguntas, volver a leer algo que no te quede claro y anotar cosas importantes sobre la lectura.

Bienvenidos a
Estados Unidos

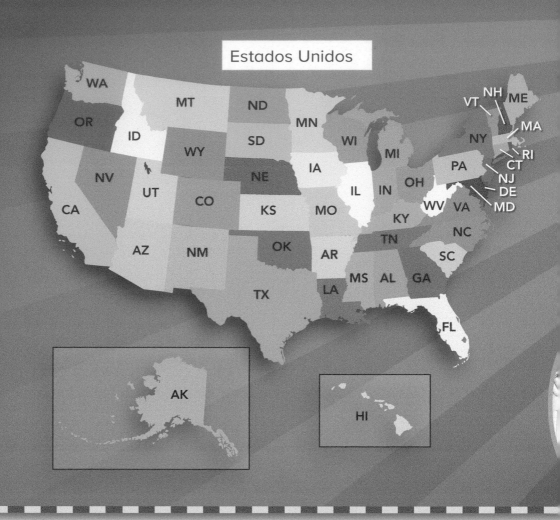

Estados Unidos

¡Bienvenidos a Estados Unidos! Es un país joven, más joven que la mayoría de los países del mundo. Como otros países, está dividido en áreas llamadas estados. Estados Unidos tiene cincuenta estados que trabajan juntos, o como bien indica su nombre, que están unidos, formando una sola nación.

Estados Unidos tiene muchos símbolos. Un símbolo es algo que **representa** una idea. Un símbolo puede ser una figura o una imagen. Puede ser una persona, un animal o un lugar. Aquí puedes ver algunos símbolos **nacionales** de los Estados Unidos. Puede que reconozcas algunos de ellos.

Las banderas son símbolos. Todos los países tienen banderas que los representan. Los colores e imágenes de una bandera representan lo que es importante y especial acerca de ese país.

La bandera de los Estados Unidos, también conocida como "Estrellas y Franjas", es un símbolo de Estados Unidos. Tiene cincuenta estrellas y trece franjas.

¡EXTRA!

Las colonias americanas eran áreas, como estados, en la costa este de nuestro país. Colonos de Inglaterra y otros países europeos crearon estas colonias bajo el control del rey de Inglaterra a comienzos del siglo XVI. Al final del siglo XVII, la gente que vivía en las colonias americanas luchó contra Inglaterra por su independencia. Estas crearon un nuevo país, Estados Unidos de América. Las trece colonias se transformaron en estados entre 1787 y 1790.

Las estrellas y franjas de la bandera de EE.UU. representan los diferentes estados del país. Las estrellas son símbolos de los cincuenta estados que conforman los Estados Unidos. Las franjas representan las primeras trece **colonias**, las cuales después se transformaron en los trece primeros estados de Estados Unidos.

NY

Estatua de
la Libertad

Estatua de la Libertad

SABELOTODO

La palabra en francés para libertad es *liberté*. La palabra en inglés para libertad es *liberty*. ¿Notas un patrón?

Es posible que conozcas esta famosa estatua verde. Se llama la Estatua de la **Libertad**, apodada "Dama de la Libertad". En la década de 1880, Francia construyó y regaló la estatua a Estados Unidos como un símbolo de la amistad entre los dos países. La Estatua de la Libertad también es un símbolo de libertad. La libertad es una idea importante que Francia y Estados Unidos comparten.

La Estatua de la Libertad está en la isla de la Libertad, cerca de la ciudad de Nueva York. Hace muchos años, los europeos emigraban a los Estados Unidos en grandes barcos que llegaban a Nueva York. Cuando se acercaban a la costa, la gente podía ver la Estatua de la Libertad. La estatua les ayudaba a sentirse bienvenidos a Estados Unidos. Incluso hoy, la Estatua de la Libertad es un símbolo de bienvenida para personas que llegan a Estados Unidos desde otros países.

Este es el Capitolio de Estados Unidos en Washington, D. C. Las personas que hacen las leyes de nuestro país trabajan en el Capitolio. Es uno de los símbolos más famosos del **gobierno** de Estados Unidos.

Casi todos los turistas que viajan a Washington, D. C. visitan el Capitolio. Es uno de los edificios más conocidos de la ciudad y de Estados Unidos.

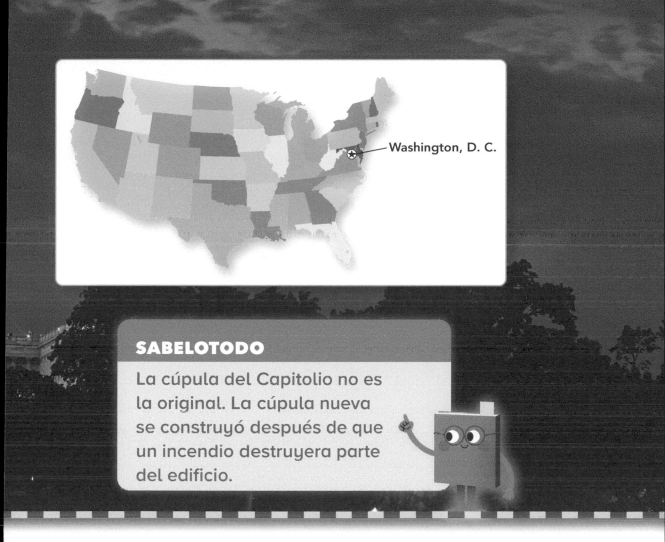

Washington, D. C.

SABELOTODO

La cúpula del Capitolio no es la original. La cúpula nueva se construyó después de que un incendio destruyera parte del edificio.

El Capitolio se empezó a construir en 1793. El edificio fue usado por primera vez en 1800, pero tomó muchos años más antes de que estuviera finalizado.

En el Capitolio se celebran muchos eventos importantes del gobierno. El presidente y otros líderes de la administración a menudo se dirigen al pueblo estadounidense desde el Capitolio.

Este es el Monumento a Lincoln, otro monumento famoso de Washington, D. C. Este monumento nos ayuda a recordarlo. Abraham Lincoln fue el presidente de Estados Unidos desde 1861 a 1865.

Presidente Lincoln

Cuando Abraham Lincoln era presidente, Estados Unidos estaba luchando en una Guerra Civil. Muchas personas **respetan** al presidente Lincoln por sus acciones durante la guerra. El Monumento a Lincoln es un símbolo de ese respeto, y también es un símbolo de libertad.

Muchas personas visitan y toman fotografías del Monumento a Lincoln. También leen algunas de las frases famosas de Lincoln, las cuales están **inscritas** en dos de las paredes.

SABELOTODO

El Monumento a Lincoln fue construido para que se pareciera al famoso Partenón de Grecia. El monumento tiene 36 columnas, las cuales representan el número de estados que tenía Estados Unidos en el momento en que falleció Lincoln.

Puede que reconozcas este importante edificio. La dirección es 1600 Avenida Pensilvania, en Washington, D. C. Es la Casa Blanca, el lugar donde vive el presidente de Estados Unidos. También es el lugar principal donde trabaja el presidente.

La Casa Blanca

La Casa Blanca es un símbolo del presidente y del país. De hecho, la gente muchas veces dice "Casa Blanca" para referirse al presidente y las personas que trabajan en la oficina del presidente. La Casa Blanca también es conocida como la "Casa del pueblo". ¿Por qué crees que la llaman así?

¡EXTRA!

Esta es la Oficina Oval, una de las habitaciones de la Casa Blanca. ¡La oficina tiene la forma de un óvalo! Esta habitación es un lugar importante porque aquí trabaja el presidente. A menudo tiene reuniones en esta oficina, aparece aquí en televisión, o firma papeles importantes y habla con la gente de Estados Unidos.

Todos los presidentes de Estados Unidos, excepto
George Washington, han vivido en la Casa Blanca.
La Casa Blanca todavía no estaba construida cuando
Washington era presidente. ¡El segundo presidente,
John Adams, se mudó a la Casa Blanca antes de que
estuviera terminada!

SABELOTODO

La Casa Blanca es un edificio enorme,
con seis pisos y 132 habitaciones. ¡Tiene
35 baños, 412 puertas, 147 ventanas, 28
chimeneas, y tres ascensores!

la Campana de la Libertad

¡Ven a conocer la Campana de la Libertad!

¿Planeas ir a Filadelfia? ¡Tu visita no estará completa sin ver la Campana de la Libertad!

La Campana de la Libertad solía estar en la Cámara de Representantes de Pensilvania. La campana fue instalada ahí en 1753, antes de que las colonias consiguieran su independencia de Inglaterra y se transformaran en Estados Unidos. Sonaba para eventos especiales o cuando había reuniones. La gente usó la campana durante 90 años.

Si miras la campana de cerca, notarás que tiene una enorme grieta en un costado. ¡La grieta ha estado ahí desde la década de 1840! La gente intentó arreglarla, pero no pudieron. La campana fue desmontada en 1852, pero la ciudad de Filadelfia se la quedó porque era una pieza histórica importante.

FILADELFIA

Pensilvania

La Campana de la Libertad tiene una inscripción. Las palabras incluyen "libertad en todo el país", dirigidas a todos los que vivían en las colonias en ese momento. A través de la historia, los estadounidenses han visto la campana como un símbolo de libertad.

Actualmente, la campana sigue siendo un símbolo famoso. Más de un millón de personas visitan el Centro de la Campana de la Libertad cada año.

Es posible que reconozcas esta ave grande y orgullosa. Es un águila calva. Estados Unidos escogió al águila calva como símbolo nacional en 1782, ¿te imaginas por qué?

El nuevo gobierno de Estados Unidos de América estaba buscando un animal americano para que fuese el símbolo del país. Las águilas calvas viven solo en Norteamérica. No viven en ningún otro lugar del mundo. Eso hizo que el águila calva fuese una excelente alternativa.

También querían escoger un animal que representara al país de manera positiva. Les gustaban muchas cosas acerca del águila calva. Las águilas calvas son grandes y fuertes, y pueden vivir mucho tiempo. Son feroces, orgullosas y valientes. También pueden volar, lo que las convierte en un símbolo de libertad.

Este es el Gran Sello de Estados Unidos. El gobierno de Estados Unidos lo creó en 1782 como un símbolo del gobierno y del nuevo país. El sello incluye una imagen del águila calva en el centro. El Gran Sello se puede encontrar en documentos importantes firmados por el presidente y otros miembros del gobierno.

Saludos desde SAN LUIS

Missouri

¡Hola, abuela y abuelo!

Estamos pasando por San Luis, y nos detuvimos para visitar el famoso Arco Gateway. Pensé que les gustaría ver una imagen. ¡Es posible que reconozcan su famosa forma curva y su altura! ¿Sabían que mide 630 pies de altura?

Aprendí que el arco fue diseñado por el arquitecto Eero Saarinen y construido entre 1963 y 1965. El arco representa el importante papel de la ciudad de San Luis como "Puerta de entrada al oeste americano" en el siglo XVIII, cuando el país se expandía hacia el oeste, más allá del río Misisipi.

¡Nos vemos pronto!

Tamara

MISSOURI

San Luis

Tío Sam

SABELOTODO

Nadie sabe la verdadera historia que se esconde detrás de la leyenda del Tío Sam. Algunas personas dicen que el personaje está basado en Samuel Wilson, un hombre que dió comida a soldados durante la guerra de 1812. En 1989, el congreso declaró el 13 de septiembre, el día del nacimiento de Samuel Wilson, como el "Día del Tío Sam".

Otro símbolo famoso de Estados Unidos es el Tío Sam. Fíjate que las letras U y S forman parte de su nombre en inglés: *Uncle Sam*. La U y la S representan *United States*, y US significa *Uncle Sam*. El Tío Sam no es una persona real. La mayoría de los estadounidenses saben quién es y en ocasiones usan el nombre "Tío Sam" para hablar sobre el gobierno de Estados Unidos.

La gente ha hecho dibujos del Tío Sam desde comienzos del siglo XVIII. Siempre tiene cabello blanco y largo y una barba blanca. Lo visten de rojo, blanco y azul, los colores de la bandera de Estados Unidos. Su sombrero de copa también tiene estrellas, como la bandera de Estados Unidos.

Piensa en Estados Unidos. ¿Por qué podemos decir que es especial o diferente este país? Piensa en monumentos o lugares que has visitado. Piensa en la comida, el deporte y la música creada en Estados Unidos. Piensa en personas famosas de este país.

Piensa en animales que viven en Estados Unidos.

¡Los símbolos están a nuestro alrededor!

¿Reconoces alguno de estos símbolos?

¿Qué otros símbolos de Estados Unidos conoces?

colonias lugar gobernado por otro país

gobierno un grupo de personas que hacen las leyes para una comunidad

inscritas que están escritas en metal

libertad derecho de tomar tus propias decisiones

nacional que tiene que ver con el país

representar ser imagen o símbolo de algo

Photography and Art Credits

All images © by Vista Higher Learning unless otherwise noted.

Cover: (t) AVAVA/Shutterstock; (ml) Innatabakova/123RF; (mm) Jillian Cooper/Getty Images; (mr) Turtix/Shutterstock; (bl) Natalia Bratslavsky/Shutterstock; (bm) Peter Palestini/Shutterstock; (br) Vlad G/Shutterstock.

4: Voinau Pavel/Shutterstock; **5:** (t) Innatabakova/123RF; (ml) Fstockfoto/Getty Images; (mm) Turtix/Shutterstock; (bl) Anton Ivanov/123RF; (bm) Kropic1/Shutterstock; (r) Vlad G/Shutterstock; **6-7:** Kropic1/Shutterstock; **6:** ArtisticPhoto/Shutterstock; **7:** Voinau Pavel/Shutterstock; **8-9:** Vlad G/Shutterstock; **8:** Voinau Pavel/Shutterstock; **9:** Courtesy of the Library of Congress; **10-11:** David Shvartsman/Getty Images; **11:** Voinau Pavel/Shutterstock; **12-13:** Andrei Medvedev/Shutterstock; **12:** Alancrosthwaite/Deposit Photos; Valeri Potapova/Shutterstock; **13:** Anna Ivanova/123RF; **14:** (t) Turtix/Shutterstock; (b) Images-USA/Alamy; **15:** Images-USA/Alamy; **17:** (t) MSPhotographic/Shutterstock; (b) Natalia Bratslavsky/Shutterstock; **18-19:** Jfunk/Shutterstock; **18:** Innatabakova/123RF; **19:** 123rfanton/123RF; **20-21:** Checubus/Shutterstock; **21:** PromesaStudio/Deposit Photos; **22-23:** ConstantinosZ/Shutterstock; **22:** MirrorImages/Alamy; **23:** Alxpin/Getty Images; **24:** (tl) Innatabakova/123RF; (tm) Natalia Bratslavsky/Shutterstock; (tr) Turtix/Shutterstock; (ml) Anton Ivanov/123RF; (mm) Vlad G/Shutterstock; (mr) 123rfanton/123RF; (b) AVAVA/Shutterstock; **25:** (background) Amanda Mohler/Shutterstock; (tl) Jillian Cooper/Getty Images; (tr) Fstockfoto/Getty Images; (ml) Pgiam/Getty Images; (mm) Funboxphoto/Shutterstock; (mr) Peter Palestini/Shutterstock; (b) Artem Peretiatko/Getty Images.

© 2024, Vista Higher Learning, Inc.
500 Boylston Street, Suite 620
Boston, MA 02116-3736
www.vistahigherlearning.com
www.loqueleo.com/us

Dirección Creativa: José A. Blanco
Vicedirector Ejecutivo y Gerente General, K–12: Vincent Grosso
Desarrollo Editorial: Salwa Lacayo, Lisset López, Isabel C. Mendoza
Diseño: Radoslav Mateev, Gabriel Noreña, Andrés Vanegas, Manuela Zapata
Coordinación del proyecto: Karys Acosta, Tiffany Kayes
Derechos: Jorgensen Fernandez, Annie Pickert Fuller, Kristine Janssens
Producción: Thomas Casallas, Oscar Díez, Sebastián Díez, Andrés Escobar, Adriana Jaramillo, Daniel Lopera, Daniela Peláez

Bienvenidos a Estados Unidos
ISBN: 978-1-66992-211-7